# Manifesto do Sonhador

Copyright © 2014 by Regina Gulla

Todos os direitos reservados.
O texto deste livro foi editado conforme as normas do novo acordo ortográfico da língua portuguesa, em vigor no Brasil desde 1º de janeiro de 2009.

**Editora**
*Lizandra Magon de Almeida*

**Assistentes editoriais**
*Verônica Gonçalves e Priscilla Lopes*

**Versão para o espanhol**
*Clarissa Maiorino Zelada*

**Revisão**
*Virgínia Vicari*

**Foto da autora**
*Ana Moreno*

**Projeto gráfico e diagramação**
*Celso Imperatrice*

**Impressão**
*Pigma Gráfica e Editora*

---

**Dados Internacionais de Catalogação na Publicação (CIP)**
**(Câmara Brasileira do Livro, SP, Brasil)**

---

Gulla, Regina
  Manifesto do sonhador / texto e ilustrações Regina Gulla. – 1ª ed. – São Paulo: Pólen, 2014.

  ISBN 978-85-98349-09-1

  1. Ficção brasileira I. Título.

14-01752                                                  CDD-869.93

**Índices para catálogo sistemático:**
  1. Ficção: Literatura brasileira      869.93

Pólen Livros
Av. Brig. Luiz Antônio, 2050, cj 37
São Paulo - SP - CEP 01318-002
Tel.: (11) 36756077
www.polenlivros.com.br

# Manifesto do Sonhador

Texto e ilustrações de Regina Gulla

1ª edição

São Paulo

2014

*Chego à conclusão, ignoro se
é científica, de que os sonhos são
a atividade estética mais antiga.*

Jorge Luis Borges, *Siete Noches*

Em uma tarde de verão, janeiro, reuniu-se a Assembleia dos Sonhadores para decidir quem sonharia o presente Manifesto. Regina Gulla foi designada e assim foi feito.

O Sonhador é o homem que vive muito bem a vida. Para ele, viver muito bem a vida é nada mais nada menos que inventá-la.

O Sonhador mora na sua
Casa Inventada. Não tem endereço
permanente, já que toda imaginação
vive mudando de lugar.

Ele mantém um endereço
fixo para receber as contas de luz,
água e impostos.

É onde vai chegar do trabalho, fazer
a salada, ajudar na lição dos filhos e
na armação das suas pipas e rabiolas;
arrumar a biblioteca, as tintas, os pincéis,
o chuveiro quando está quebrado; ler o
jornal, levar as crianças para a cama
e abraçar quem o espera.

O Sonhador raramente tem tempo de jogar conversa fora. Na sua porta, há sempre uma fila de Sonhem-me esperando ser sonhados. Eles chegam muitos de uma só vez e a porta do Sonhador se ilumina toda com essas cintilâncias.

O ofício do Sonhador é sonhar. Ele não tem hora para começar nem para terminar; depende da escolha do material para a sonhação: se palavras, tintas, ideias, pedra, pano, barro... Depende de para onde o vento sopra, das marés, da lua, de uma voz que canta na casa vizinha, e principalmente do que é que os sonhos esperam dele.

Caso seja interpelado pela exclamação (geralmente indignada): "Mas você só pode estar sonhando!", o Sonhador não deve hesitar em responder: "Com toda certeza, meu senhor".

O direito à propriedade não se aplica ao Sonhador. Os sonhos são matéria intangível, além de serem intercomunicantes, estando, por essa razão, impossibilitados de subjugar-se a um dono. Cabe ao Sonhador sonhar por si mesmo. E pelas pessoas à sua volta que carecem de matéria onírica.

A matéria onírica do Sonhador pode estar nas coisas desdenhadas pela maioria das pessoas: uma gota de chuva, um prego enferrujado, uma tesoura desafiada, agulha sem ponta, chave que se perdeu da fechadura, garrafa vazia encostada no poste, buraco de fechadura de casa sem inquilino, cisco de olho, relógio sem ponteiro, pneu furado, raio de sol, cabo de guarda-chuva, garatuja de menino, caco de espelho...

Quando um Sonhador se depara com um muro, costuma apalpá-lo, milímetro por milímetro, enquanto vai se perguntando por que é que os homens se aprimoram em se afastar uns dos outros de maneira tão dura. Que desperdício de pedra e de tinta! Então salta o muro.

Todo Sonhador dorme pouco, já que os sonhos sonhados no sono não são matéria propícia para seu trabalho artístico. Prefere os que batem à porta, e vive pronto para atendê-los, bem desperto, em puro devaneio.

O Sonhador que se pergunta, à maneira zen, se é, ele próprio, um homem sonhando ser uma borboleta ou uma borboleta sonhando ser um homem, está a salvo das dúvidas cotidianas.

Há Sonhadores que trabalham
em correios, em barcos,
em aviões, em construção de
casas, em escritórios,
nas caixas de supermercados,
em bilheteria de teatro,
em chapelarias,
em culinária,

em chefia, em reforma
de roupa, em escolas, em
pedágio, em bibliotecas,
em pedalar bicicleta,
em pentear o vento...
(Até hoje nunca se ouviu
falar de um só Sonhador
que trabalhasse para
a guerra.)

Os Sonhadores se reconhecem uns aos outros por uma inevitável atração do olhar e pela vontade de se convidar para sentar num banco de jardim.

Outra forma de reconhecimento é um dos Sonhadores enfiar a mão no bolso, tirar de lá um nada (o nada é matéria invisível indispensável a todo sonhador). Então ambos passam a se alegrar juntos pelo achado.

Muitas vezes chegam a pular e a gritar de entusiasmo. Os não sonhadores observam e torcem o nariz, apertando o passo.

Todo homem que tem vazio o Lugar de Sonhar é porque esqueceu de carregar até o futuro a Criança que foi um dia.

O Sonhador costuma ser mais pentimental do que sentimental. É que os pentimentos são camadas transparentes, pintadas umas sobre as outras nas dobras na memória, e trazem maior desafio do que os sentimentos, pela ambiguidade que despertam.

Sem nitidez, só se deixam vislumbrar. E o Sonhador é o homem, por excelência, atraído por mistérios e ambivalências.

O Sonhador não vive de recordações (elas, quando se lembram dele, é que pedem para visitá-lo). Prefere lembrar-se do futuro. Vai de coração aberto ao encontro dos acontecimentos vários. Porém não tem como admitir a competitividade e outros ruídos que insistem em sufocar a vida dos sonhos.

Todo Sonhador carrega no bolso, ao invés de fósforo ou isqueiro, um acendedor de vulcões.

A sonhação do verdadeiro Sonhador parece ser incompatível com a ilusão, embora as ilusões estejam na mesa dele, junto das outras matérias com que compõe seu trabalho. As ilusões, muito coloridas de desejos, podem atrapalhar e até impedir o trabalho de sonhação. Por isso, o Sonhador prefere ocupar-se delas somente nas horas vagas.

Quando se depara com uma flor, um floco de neve, de algodão-doce, uma semente, um nascer ou pôr-do-sol, uma criança, uma estrela-cadente, o Sonhador se ajoelha, o que costuma causar espanto nos transeuntes.

A Mãe Sonhadora sonha por seu bebê enquanto ele não tem meios de realizar seu devaneio sozinho. Ou por estar ocupado em compor seu corpinho dentro da barriga, ou, depois que nasceu, por estar muito envolvido no trabalho de mamar, arrotar, defecar, regurgitar, urinar, abraçar, choramingar, dormir, acordar, espantar-se, escutar, tocar a mãe que o está sonhando. Súbito, de uma hora para outra, ele se vê Sonhador de seus sonhos. A mãe, então, vai em busca dos dela.

Toda criança é um Sonhador de carteirinha. Mas, por sua vulnerabilidade, é passível de ser desviada dos seus sonhos por adultos inexperientes na matéria.

Quando um Sonhador soluça, é porque tem cardumes de Sonhem-me engasgados na garganta, querendo se tornar poema, pintura, desenho, história, partitura, dança, mímica, palhaçada, escultura, sonata, ciranda.

Os Sonhem-me, quando não atendidos logo, podem manifestar-se via espirro, tosse, tiques, coceiras, insônia, raiva-não-se-sabe-de-quê...

É aconselhável que o Sonhador logo os transforme. Do contrário estará arriscado a morrer de tédio.

# Manifiesto del Soñador

*El Soñador es el hombre que vive muy bien la vida. Para él, vivirla muy bien es nada más nada menos que inventarla.*

*Vive en su Casa Inventada. No tiene dirección permanente, ya que toda imaginación vive cambiando de sitio.*

*Él mantiene una dirección fija para recibir las cuentas de luz, água e impuestos. Es adonde va a llegar del trabajo, preparar la ensalada, ayudar a los hijos en las tareas escolares y a confeccionarles sus cometas y colas; ordenar la biblioteca, las tintas, los pinceles, arreglar la ducha cuando está rota; leer el periódico, acostar a los niños y abrazar a quien lo espera.*

*Al Soñador apenas le queda tiempo para cháchuras. Delante de su puerta, hay siempre una cola de Sueñenme esperando ser soñados. Ellos llegan en muchos de una sola vez y la puerta del Soñador se ilumina con esas centellas.*

*El oficio del Soñador es soñar. Él no tiene hora para empezar ni para encerrar; depende de la elección del material para la soñación: acaso palabras, tintas, ideas, piedra, tela, barro... Depende de hacia donde sopla el viento, de las mareas, de la luna, de una voz que canta en la casa vecina, y principalmente de lo que los sueños esperan de él.*

*Caso sea interpelado por la exclamación (en general indignada): "Pero ¡debes estar soñando!", el Soñador no debe hesitar en contestar: "Seguramente, señor mío".*

*El derecho a la propiedad no se le aplica al Soñador. Los sueños son materia intangible. Además, son intercomunicantes, estando, por esa razón, impossibilitados de someterse a un dueño.*

*Cabe al Soñador soñar por sí mismo. Y por las personas a su alrededor que carecen de materia onírica.*

*La materia onírica del Soñador puede estar en las cosas desdeñadas por la mayoría de las personas: una gota de lluvia, un clavo oxidado, unas tijeras desafiladas, aguja sin punta, llave que se perdió de la cerradura, botella vacía apoyada en un poste, agujero de cerradura de casa sin inquilino, reloj sin agujas, rueda pinchada, rayo de sol, mango de paraguas, garabato de niño, añicos de espejo...*

*Cuando un Soñador se depara con un muro, suele tocarlo, milímetro por milímetro, mientras se va preguntando por qué los hombres se perfeccionan en alejarse de forma tan dura ¡Que desperdicio de piedra y de tinta! Entonces lo salta.*

*El Soñador que se pregunta, de modo zen, si es él mismo, un hombre soñando ser una mariposa o una mariposa soñando ser un hombre, está a salvo de las dudas cotidianas.*

*Todo Soñador duerme poco, pues los sueños soñados cuando no se está despierto no son materia propicia para su trabajo artístico. Prefiere los que llaman a su puerta, y está siempre listo para atenderlos muy despierto, en puro devaneo.*

*Hay Soñadores que trabajan en los correos, en barcos, en aviones, en la construcción de casas, en oficinas, en las cajas de supermercados, en taquilla de teatro, en sombrererías, en culinaria, en jefatura, en reforma de ropa, en escuelas, en peaje, en bibliotecas, en pedalear bicicleta, en peinarle al viento... (Hasta hoy nunca se ha escuchado hablar de un Soñador que trabajara para la guerra.)*

*Los Soñadores se reconocen unos a los otros por una inevitable atracción de la* mirada y por la voluntad de invitarle al otro a sentarse en un banco de jardín.

Otra forma de reconocimiento es uno de los Soñadores meterse la mano en el bolsillo, sacar de allá un nada (el nada es materia invisible indispensable a todo Soñador). Entonces ambos pasan a alegrarse juntos por lo hallado.

Muchas veces llegan a brincar y a gritar de entusiasmo. Los no soñadores los observan y tuercen las narices, apretando el paso.

El hombre, que el Lugar de Soñar lo tiene hueco, es porque se olvidó de llevarse hasta el futuro al Niño que un día fue.

El Soñador suele ser más pentimental que sentimental. Es que los pentimentos son capas transparentes, pintadas unas sobre otras en los pliegues de la memoria, y traen el mayor desafío que los sentimientos, dada la ambigüedad que despiertan. Sin nitidez, solo dejan vislumbrarse.

Y el Soñador es el hombre, por excelencia, atraído por misterios y ambivalencias.

El Soñador no vive de recuerdos (éstos, al acordarse de él son los que le piden para visitarlo). Prefiere acordarse del futuro.

Va de corazón abierto al encuentro de los sucesos varios. Sin embargo, no le es posible admitir la competitividad y otros ruidos que insisten en sofocar la vida de los sueños.

Todo Soñador lleva en el bolsillo, en lugar de cerrillas o mechero, un encendedor de volcanes.

La soñación del verdadero Soñador parece ser incompatible con la ilusión, aunque las ilusiones estén en su mesa, junto a otras materias con las que compone su trabajo.

Las ilusiones, muy coloridas de deseos, pueden estorbar e incluso impedir el trabajo de soñación.

Por eso, el Soñador prefiere ocuparse de éstas solo en las horas libres.

Al depararse con una flor, un copo de nieve, de algodón dulce, una semilla, la salida o puesta de sol, un niño, una estrella fugaz, el Soñador se arrodilla, lo que suele causarles espanto a los transeúntes.

La Madre Soñadora sueña por su bebé mientras éste no tiene medios de realizar su devaneo solito. O por estar ocupado en componer su cuerpecito dentro del vientre o, tras nacer, por estar muy liado en la labor de mamar, eructar, defecar, regurgitar, orinar, abrazar, lloriquear, dormir, despertarse, espantarse, escuchar, tocar a la madre que lo está soñando. Súbito, de un momento a otro, él se ve Soñador de sus sueños. La madre, entonces, va al encuentro de los suyos.

Todo niño es un Soñador en potencial. Pero, dado su vulnerabilidad, es pasible de desviarse de sus sueños por adultos inexperientes en el asunto.

Cuando un Soñador tiene hipo, es porque hay cardúmenes de Sueñenmes atascados en la garganta, queriendo convertirse en poema, pintura, dibujo, historia, partitura, baile, mímica, payasada, escultura, sonata, canción para juego de corro.

Los Sueñenme, si no se atiende pronto, pueden manifestarse vía estornudo, tos, tics, picores, insomnio, rabia-no-se-sabe-de-qué... Se aconseja que el Soñador pronto los transforme.

Del contrario, estará arriesgándose a aburrirse como una ostra.

*Quem mais poderia ser incumbida de sonhar esse Manifesto se não Regina Gulla? Psicanalista de formação, pintora, escultora, mãe, avó e autora de vários livros infantis, só a dona do Terraço Sonhador poderia receber essa missão. Foi nesse espaço, o terraço de seu ateliê, que há mais de 20 anos ela decidiu formar grupos onde pudesse assistir nascer a voz estética das pessoas. Pela Oficina Literária Gato de Máscara já passaram mais de 2 mil alunos, que ali encontraram sua forma de produzir sentidos novos com as palavras.*